Vivir en una democracia

por Barbara Wood

Scott Foresman
is an imprint of

Glenview, Illinois • Boston, Massachusetts • Chandler, Arizona
Upper Saddle River, New Jersey

Photographs

Every effort has been made to secure permission and provide appropriate credit for photographic material. The publisher deeply regrets any omission and pledges to correct errors called to its attention in subsequent editions.

Unless otherwise acknowledged, all photographs are the property of Pearson Education, Inc.

Photo locators denoted as follows: Top (T), Center (C), Bottom (B), Left (L), Right (R), Background (Bkgd)

Cover Getty Images; **1** (C) Getty Images; **3** Blend Images/Getty Images; **4** Library of Congress; **5** Library of Congress; **7** Library of Congress; **8** DK Images; **9** CHARLES PHELPS CUSHING/ClassicStock/Alamy Images; **10** Getty Images; **12** Matthew Brady/Library of Congress; **13** MPVHistory/Alamy Images; **14** Library of Congress; **15** (BR) Getty Images; **16** (L) Hill Street Studios/Blend Images/Getty Images, (R) Jake Johnson/©DK Images; **17** Jupiter Images; **18** Getty Images.

ISBN 13: 978-0-328-53463-0
ISBN 10:   0-328-53463-3

¿Qué es la democracia?

Piensa en tu salón de clases. ¿Quién hace las reglas? ¿Pide a veces tu maestro que todos colaboren para tomar decisiones? ¡Imagínate tener que tomar decisiones con miles de otras personas!

Esto sucede en muchos países del mundo. En una **democracia**, las personas que viven en un país toman decisiones juntas. Los Estados Unidos de América es un tipo de democracia.

Una democracia permite que el pueblo vote por los funcionarios que van a gobernar la nación y tomar decisiones.

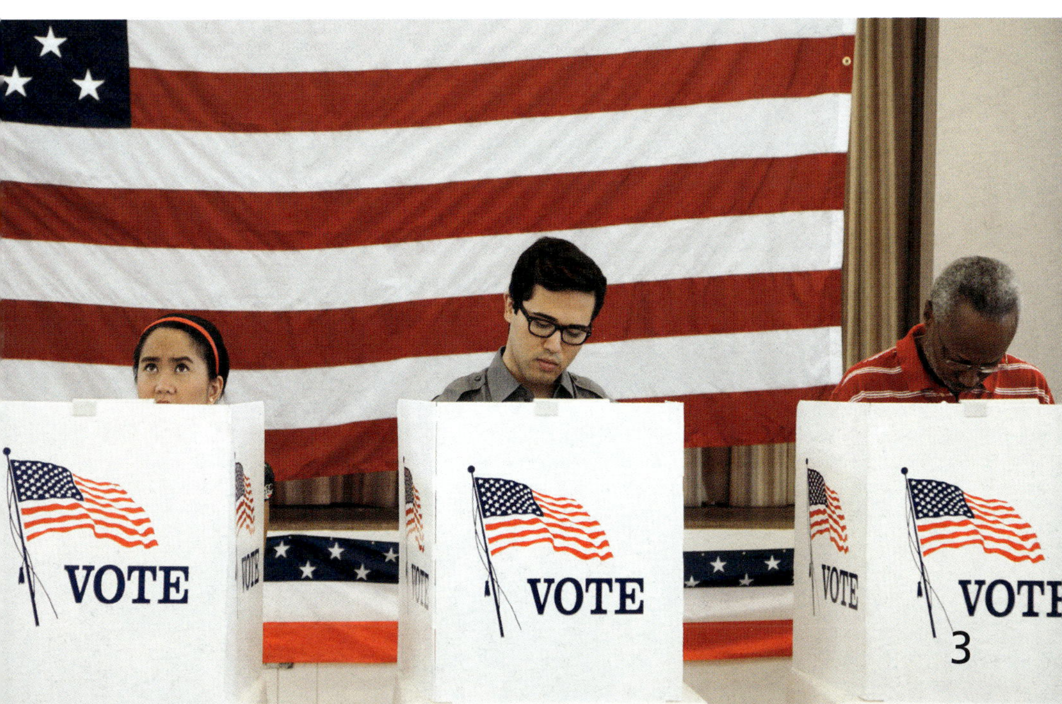

La Guerra de Independencia

Durante un tiempo en la **historia** de nuestro país no había cincuenta estados como los hay ahora. Antes había sólo trece colonias. Una **colonia** es un grupo de colonos gobernados por otro país.

Las colonias norteamericanas eran gobernadas por Inglaterra. Ese país europeo ayudó a proteger las trece colonias. Los colonos recibían té, telas y otras provisiones de Inglaterra. A cambio, los colonos debían obedecer las leyes inglesas y pagar impuestos a Inglaterra.

Los colonos, descontentos por los impuestos, tiraron el té al agua durante el Motín del Té de Boston.

A los colonos no les gustaba pagar
dinero a Inglaterra, pero no podían opinar.
Decidieron que querían liberarse del gobierno
inglés. Querían tomar sus propias decisiones
y tener su propio **gobierno**.

En 1775, empezó la guerra entre los
colonos y los soldados ingleses.
Esa guerra se llamó Guerra
de Independencia. Al
ganar la guerra, los Estados
Unidos obtuvieron su
independencia.
Los estadounidenses
eran ahora libres para
hacer sus propias
leyes y tomar sus
decisiones.

La colonias
norteamericanas eran
gobernadas por el rey
inglés, George III.

Las trece colonias originales
estaban en la costa este.

Una plantación es una granja grande.

Se crea un nuevo gobierno

Para construir un país fuerte, todo el pueblo tenía que estar de acuerdo en cómo crear un nuevo gobierno y trabajar juntos. El correo era muy lento. ¡Trabajar unidos era difícil!

No fue fácil crear un nuevo gobierno. Los estadounidenses de distintas partes del país tenían necesidades diferentes. En las colonias del norte les interesaba pescar y construir barcos. En las colonias centrales había granjas pequeñas. En el sur, había grandes granjas llamadas plantaciones.

¿Cuál es el mejor modo para que los estados tomen decisiones juntos? ¿Qué tipo de gobierno sería justo para todos?

Los estadounidenses querían crear el mejor gobierno posible. Estudiaron la democracia de la Antigua Grecia, donde todas las personas participaban en el gobierno. Hablaron de la república de Roma, un tipo de democracia donde la gente elegía funcionarios para que la representara en el gobierno. Observaron la manera en que algunos indígenas norteamericanos tomaban decisiones. También consideraron las leyes inglesas que les parecían buenas.

La Constitución de los Estados Unidos

Un grupo de hombres de los diferentes estados se reunieron. Ahora llamamos a esos hombres los fundadores de la nación. Ellos escribieron la Constitución de los Estados Unidos. La constitución explica cómo el pueblo puede elegir a un presidente para que dirija el país.

Este documento también explica cómo el pueblo puede elegir legisladores para hacer las leyes. Además, explica cómo se iban a organizar los tribunales judiciales para asegurar que se siguieran las leyes. Cada pocos años, el pueblo debía elegir nuevos dirigentes.

George Washington y otros fundadores de la nación en 1787

Todo esto sucedió hace más de doscientos años. Todavía tenemos la misma constitución y los Estados Unidos son todavía una democracia.

Una democracia no es dirigida por una sola persona, como un rey o un emperador. En una democracia mucha gente trabaja junta para tomar decisiones. Todos los que viven en una democracia tienen derechos y libertades.

El Capitolio de los Estados Unidos está en Washington, D.C. Ahí es donde nuestros líderes hacen las leyes de nuestra nación.

Derechos y libertades

Abraham Lincoln fue el decimosexto presidente de los Estados Unidos. En 1863, durante un famoso discurso, Lincoln recordó a los estadounidenses que el gobierno era "del pueblo, por el pueblo y para el pueblo". Esto quiere decir que el pueblo tiene el poder. Puede escoger sus líderes y sus legisladores. El presidente no tiene el poder para hacer todas las reglas y tomar las decisiones por su cuenta. Parte del trabajo del presidente es escuchar las ideas del pueblo.

Abraham Lincoln

Martin Luther King fue un famoso líder afroamericano que luchó por obtener derechos y libertades para todos los estadounidenses.

La Declaración de Derechos

Los fundadores de la nación decidieron añadir a la constitución una lista de libertades. Esa lista se llama la Declaración de Derechos. Aunque haya leyes nuevas, no pueden retirar esas libertades.

La libertad de expresión es una de esas libertades. Libertad de expresión quiere decir que podemos dar nuestra opinión sobre cualquier cosa. También podemos estar en desacuerdo con el presidente.

La libertad de religión es otra libertad muy importante. Quiere decir que la gente tiene el derecho a creer en lo que desee y rendir culto de la manera que quiera. Muchos de los primeros colonos llegaron a América porque no tenían libertad de religión en sus propios países. Incluso hoy, mucha gente viene a vivir a los Estados Unidos para obtener estos derechos.

Símbolo de libertad

La Estatua de la Libertad en la ciudad de Nueva York es un importante **símbolo** de libertad. El pueblo de Francia se la regaló al pueblo de los Estados Unidos hace más de cien años. La Estatua de la Libertad muestra a una mujer sosteniendo una antorcha. La antorcha representa la luz de la libertad. La mujer también lleva una corona con siete rayos en la parte de arriba. Los rayos representan los siete **continentes** del mundo.

Estas personas votan en las casillas electorales.

Elecciones justas

En una democracia todos pueden votar para tomar decisiones importantes. Lo principal es que la votación sea justa. Por eso todos los ciudadanos tienen derecho a votar. Si a algunas personas no se les permitiera votar, sus ideas no serían escuchadas.

En una democracia, el voto de cada individuo es secreto. Nadie puede forzar a otra persona a decirle por quién votó. De ese modo, todos pueden sentirse seguros y votar de la manera que crean correcta.

Todos debemos participar

Para que una democracia funcione, todos debemos participar. Algunos participan cuando se postulan para ser elegidos. Otros ayudan cuando escriben cartas a los líderes del gobierno y les dicen sus opiniones. Todos los ciudadanos pueden ayudar cuando leen y se informan sobre lo que está sucediendo en su país.

Los niños también pueden participar. ¡En este momento estás contribuyendo al aprender todo sobre la democracia!

Inventa un gobierno de grupo

¿Cuál crees que sea la mejor manera de trabajar en grupo con tus compañeros de clase? Los fundadores de la nación se reunieron para discutir cómo iba a funcionar su nueva democracia. Forma un grupo pequeño con tus compañeros. Hablen sobre cómo podrían trabajar y tomar decisiones juntos.

1. Primero, escriban todas sus ideas. ¿Quién estará a cargo? ¿Cómo elegirán a los líderes? ¿Qué derechos y libertades tendrán?

2. Vean todas la ideas y decidan cuáles son las mejores. Escriban una constitución corta que explique sus ideas.

3. Expliquen su idea de gobierno de grupo a la clase. Otros grupos también explicarán sus ideas.

4. Comparen ideas. En tu opinión, ¿qué ideas funcionarán mejor? ¿Por qué?

19

Glosario

colonia *s.* territorio regido por otro país.

continente *s.* cada una de las siete grandes extensiones de tierra del mundo.

democracia *s.* tipo de gobierno.

gobierno *s.* manera de regir un país

historia *s.* conjunto de eventos del pasado.

independencia *s.* libertad.

símbolo *s.* imagen que nos recuerda una idea.